MAGIE
UND
MYTHOS

DER BÄUME

Marie-France Boyer

MAGIE UND MYTHOS DER BÄUME

MIT 130 PHOTOGRAPHIEN,

DAVON 121 IN FARBE

VERLAG CHRISTIAN BRANDSTÄTTER, WIEN – MÜNCHEN

DIESES BUCH IST WEDER DEN BOTANIKERN NOCH DEN DENDROLOGEN GEWIDMET, AUCH NICHT DEN GÄRTNERN, SONDERN VIELMEHR DEN UNWISSENDEN TRÄUMERN ODER AUCH DENEN, DIE EINEN EINZELNEN BAUM VEREHREN, DER FÜR SIE EINZIGARTIG AUF DER WELT IST.

Die Deutsche Bibliothek – CIP-Einheitsaufnahme
Magie und Mythos der Bäume / Marie-France Boyer.
[Aus dem Franz. von Ingrid Fasching]. - Wien : Ed. Brandstätter, 1997
Einheitssacht.: Le Langage des arbres <dt.>
ISBN 3-85447-741-4

1. Auflage

Graphische Gestaltung: Michael Tighe
Graphische Gestaltung des Schutzumschlages (unter Verwendung einer Photographie von Gerhard Trumler): Christian Brandstätter
Lektorat der deutschsprachigen Ausgabe: Käthe Springer
Bildrecherche: Marie-France Boyer und Georgina Bruckner
Übersetzung: Ingrid Fasching
Satz: Publish Pool, Wien
Gedruckt in Italien

Titel der französischen Originalausgabe: Le Langage des arbres

ISBN 3-85447-741-4

Christian Brandstätter Verlagsgesellschaft m. b. H.
A-1080 Wien, Wickenburggasse 26, Telefon (+43-1) 408 38 14

Schmutztitel: Der „Green man“ des Klosters von Norwich, England, 1415. *Seite 2:* Tausendjähriger Affenbrotbaum von Madagaskar. *Titelseite:* Moosbedeckte Eiche, New Orleans. *Seiten 4–5:* Die Autorin inmitten einer Allee von hundertjährigen Eichen, in Oak Alley, Louisiana. *Im Hintergrund:* Buche, Kenwood, Hampstead. *Inhaltsverzeichnis:* Apollo und Daphne, von Antonio del Pollaiuolo; die Fici von Palermo; ein Knoten in einem Haselstrauch; ein vom Blitz getroffener Kastanienbaum; die Eiche von Allouville. *Seiten 8–9:* Ball der Topiare unter Ludwig XV. in Versailles. *Rückseite des Schutzumschlags:* Buddhakopf in einem Baumstamm, Thailand. Photo The Hutchison Library, London. *Vor- und Nachsatz* (vgl. S. 24): Myrrha verwandelt sich in einen Baum und gehört Adonis. Bibliothèque Nationale, Paris.

INHALT

Die duftende und goldene Baumkrone eines Lindenbaumes im Juni, erfüllt vom Summen der Insekten. Der vertikale und mächtige Stamm einer Buche. Das hauchzarte Flechtwerk ihrer bemoosten Wurzeln. Der korallene und überwältigende Glanz einer Eberesche im gelben Gras des Hochplateaus im August. Der gekrümmte, mächtige und zerfurchte Stamm einer hundertjährigen Eiche. Die unerwartete Fülle der blauen Paulownia im Herzen der Stadt im Monat Mai. Die Doppelallee der Kastanien, die zum schneebedeckten Schloß führt.

Man muß nicht lange suchen, auch kein Kenner der Biologie oder historischen Dendrologie sein, um den Zauber der Bäume zu verstehen. Die Maler, die Poeten, alle Schriftsteller haben ihm Ehre erwiesen. 6000 „außergewöhnliche Bäume", größer, älter und majestätischer als die anderen oder Zeugen wichtiger Ereignisse,

VORWORT

wurden in Frankreich im Jahre 1930 von der Landschaftskommission klassifiziert und in ihr Verzeichnis aufgenommen. Ein Gewitter, eine Vergrößerung der Straße, eine kleine Abänderung der Wegkreuzung genügen, um ihre Zahl zu verringern, um jedes Jahr ein paar mehr zu verstümmeln.

„Diese lebenden Organismen, diese Pflanzen, die sich unaufhörlich verändern, können unmöglich von Paris aus registriert werden", so lautet die Ansicht des Ministeriums. An der Seite dieser Denkmäler der Natur entfalten die anonymen Bäume ihre Harmonie, ihre Eigenart, leben ihre Geschichte. In der Nähe von Beauvais liegt unter den Wurzeln einer Magnolie ohne Zweifel ein Schatz begraben. Und unter der Eiche von Burgund befindet sich die Grabstelle des Hundes Médor, der allein vom Spanischen Bürgerkrieg zurück-

Bury S. Edmunds.

gekehrt ist. Im Norden Argentiniens steht dieser ausgetrocknete Baum, der vom Gesang der grünen Sittiche erfüllt ist. Dennoch, zählen diese Bäume in unseren Tagen noch? Sie werden grundlos oder um des Geldes willen gefällt. Heute gibt es nur mehr ein paar der 60000 Bäume der Freiheit, die während der Revolution auf den Dorfplätzen gepflanzt worden waren. Man entfernte sie, weil sie „im Wege standen". Diese wunderbaren Pflanzen, die noch heute viele von uns faszinieren, waren Kultobjekte für alle großen Kulturen. Aus ihnen fertigte man Waffen für die großen Armeen, Schiffe für die königlichen Marinen; auf den Dorfplätzen verschönerten sie die Architektur, spendeten Schatten bei Versammlungen und Festen, beherbergten die Eremiten, leiteten die Pilger. Wie ehrwürdige Ahnen verdienen sie unseren Respekt oder zumindest unser Interesse. Manche Unverbesserliche sprechen in der Nacht sogar zu ihnen. Mehr oder weniger greifbare Zeichen – ein Stoffflecken, ein Stück Papier, eine Blume, ein Nagel – dienen ihnen dazu, diesen magischen Pflanzen, die auch das Gedächtnis der Welt sind, ihre Hoffnungen anzuvertrauen. Aber der Großteil von uns kennt sie nicht, kann sie nicht beim Namen nennen, die Linde oder die Esche. Dieses Buch wendet sich an die eine und an die andere Seite dieser beiden Extreme.

FÜR DEN FEINFÜHLENDEN UND PHANTASIEBEGABTEN MENSCHEN, DER SO LEBT, WIE ICH LANGE LEBTE, EMPFINDSAM UND REICH AN VORSTELLUNGSKRAFT, EXISTIEREN DIE WELT UND DIE OBJEKTE IN GEWISSER WEISE ZWEIFACH. SEINE AUGEN SEHEN EINEN TURM, EIN FELD, SEINE OHREN HÖREN EINE GLOCKE; IN SEINER VORSTELLUNG SIEHT ER EINEN ANDEREN TURM, EIN ANDERES FELD, ER HÖRT EINEN ANDEREN KLANG, UND IN DIESER ZWEITEN EBENE DER OBJEKTE LIEGEN DIE SCHÖNHEIT UND DER GESAMTE REIZ DER DINGE.

GIACOMO LEOPARDI

Seite 11: Die Zeder, die orientalische Prinzessin, aus deren Holz die Säulen des Tempels König Salomons gemacht wurden, kam erst 1630 nach Europa.
Links: Eine junge Inderin umschlingt in verliebter Melancholie den Stamm eines Bananenbaumes. Miniatur, frühes 19. Jh.

Seit Anbeginn stellt der kosmische Baum, der Baum des Lebens, die Achse des Universums dar; seine Krone berührt den Himmel, seine Wurzeln, die Stützen der Welt, reichen ins Zentrum der Erde, dem Reich der Toten, aus dem die Quellen und Flüsse geboren werden. Der Baum vereint den Nadir und den Zenith. Seine Blätter sind schön und nützlich, die Früchte nahrhaft und wohlschmeckend; sein Schatten ist angenehm, das Astwerk dient den Tieren als Behausung.

Der Baum folgt dem Rhythmus der Jahreszeiten und erwacht, wie Phönix, immer wieder zu neuem Leben. Er scheint unsterblich. Seit Menschengedenken, durch mündliche Überlieferung, durch Schriftstücke, durch Malereien, Skulpturen und Gedichte, verehren alle archaischen Zivilisationen einen fast identischen Baum. Der Baum, Ursprung des Weiblichen, des Nahrhaften, besitzt die ewige Kraft, Leben zu

MYTHISCH UND

erwecken, die Kraft, alle latenten Energien zu vereinen und sie in spirituelle Kräfte zu verwandeln. Bei den Germanen und Skandinaviern ist dieser lebensspendende Baum eine Esche, Yggdrasil – Ygg war einer der Namen Odins, des zyklopischen Gottes, Künder der höchsten Weisheit, dem die Pflanze gleichgestellt ist. Um ihren Stamm windet sich die Schlange Niogghr, nach einem teuflischen Kataklysmus schenkt sie der Frau und dem Mann, die der Ursprung der Welt sind, Fruchtbarkeit.

Für die Inder ist dieser Baum ein Bananenbaum, aus der Familie der Fici, bei dem Buddha seine Erleuchtung hatte. Die Chinesen verehren einen Maulbeerbaum, das universale Prinzip, das die Mutter der Sonne beherbergt und als Zwitterwesen der Teilung des Ying und Yang vorangegangen ist. Die Phönizier führen ihren Namen auf die Phönixpalme zurück, den bereits bei den Sumerern bekannten heiligen Baum, den Ursprung des gesamten Reichtums des Mittleren Orients, vom Irak bis in die Sahara. Die Mexikaner verehren einen Baum, aus dem die göttliche Mutter sprießt, an ihrer rechten Seite die gefiederte Schlange, Symbol für Tod und Wiedergeburt, an ihrer linken Seite der Gott der Vegetation, Macuilxochitl, Symbol der Liebe und der Musik. Die Bewohner Sibiriens verehren die Kiefer und – öfter noch – die Birke: Die Seelen der Vorfahren wohnen in den Knoten ihres Stammes, über den die Götter ihre Haare breiten. Während der Initiationszeremonie muß der Schamane symbolisch auf eine Birke klettern, um in den „siebenten Himmel" gelangen und dort mit dem höchsten Wesen sprechen zu können. Diesen Mythos der Baumbesteigung gibt es in zahlreichen Legenden des

MYTHOLOGISCH

Mittelalters: So klettert Merlin, der Zauberer, im Wald von Brocéliande bis in die Baumkrone der Kiefer von Barenton, um zu höchster Weisheit zu gelangen.

Die Ägypter sehen die Nährgöttin Nout aus einer Eselsfeige entspringen, sie verteilt das Wasser und das Brot der Ewigkeit. Die Seelen der Toten breiten sich in ihren Zweigen aus. Der Feigenbaum ist auch der lebensspendende Baum der Fruchtbarkeit der römischen Kultur: Er beschützte Romulus und Remus, als ihr Körbchen den Fluß entlangtrieb, er spendete der Wölfin Schatten, die sie säugte. Bei den Arabern steht der Ölbaum, der bereits in der Genesis erwähnt und von den Juden sowie in ganz Kleinasien verehrt wird, im Zentrum der Welt; als Quelle des Lebens symbolisiert er Abraham. Auf diesen Ölbaum stieg, nach dem Koran, der Prophet Mohammed in seinem Traum, überwältigt von der Schönheit, die sich ihm darbot.

SVADET NVPER CREATAE ANGVIS DOLO PVELLAE PO

HAEC AMOENA LUSTRANS · ADAM VOCAT REDEMPTOR

Der Ölbaum ist auch der Kultbaum Athens. Man könnte diese Liste unendlich weiterführen ... War in der Genesis der Baum des Lebens ein Apfelbaum, ein Feigenbaum, eine Palme? Die Darstellungen und die Exegesen widersprechen sich unaufhörlich; die mythische Schlange der verhängnisvollen Versuchung, die der Niogghr des Yggdrasil gleicht, ist die einzige Konstante. Während die Geschichte vom Baum der Erkenntnis des Guten und des Bösen und seiner Folgen allgemein bekannt ist, vergißt man für gewöhnlich, daß Gott Engel mit Schwertern aus Feuer, die den Baum des Lebens bewachten, auf ihn gestellt hatte. Um sich der goldenen Äpfel aus dem Garten der Hesperiden zu bemächtigen – eine der zwölf Aufgaben, die Herakles aufgetragen worden waren, um Unsterblichkeit zu erlangen –, mußte er auch eine neue Figur der Drachenschlange besiegen. Diese beschützte den Baum, der Hera von der Göttin Gaea, der Erdmutter, geschenkt worden war.

Zwischen Baum und Mensch besteht eine ewige Verbindung. In den „Metamorphosen" erzählt Ovid, daß jeder Baum eine Nymphe versteckt, die aus Kummer oder aus Tugendhaftigkeit verwandelt wurde. Daphne, die bekannteste, verwandelte sich in einen Lorbeerbaum, um der Leidenschaft Apollos zu entkommen, Leuke in eine Pappel und Pythis in eine Strandkiefer. Aus Scham, einem Kentauren das Leben geschenkt zu haben, einer Absonderlichkeit der Natur, verwandelt sich Phillyra in eine Linde, die wie sie selbst mit der Kraft zu heilen beschenkt ist. Myrrha verwandelt sich in einen Strauch. Philemon und Baucis werden von Zeus nach ihrem Tod aus Dankbarkeit in eine Eiche und einen Lindenbaum verwandelt, die niemals voneinander getrennt werden.

Seite 15: Adam und Eva neben der Palme. Spanien, ungefähr aus dem Jahr 1000.
Vorherige Doppelseite: Eva, von der Schlange in Versuchung geführt, kostet in diesem „Comic", der von der Ursünde erzählt, die Frucht vom Baum der Erkenntnis. Tours, 9. Jh.
Links: Wie dem Totem der amerikanischen Indianer und dem Kreuz der Christen, so liegt auch dem siebenarmigen Kerzenständer der Juden ein Baum zugrunde. Spanien, 1299.
Rechte Seite: Alexander der Große trifft während der Eroberung Asiens auf einen Baum, der zu ihm spricht und ihm seinen maßlosen Ehrgeiz vorwirft. Persische Miniatur, 15. Jh.

Oben: Aus dem ägyptischen Baum des Lebens, einer Eselsfeige, spendet die Göttin Nout das Elixier der Unsterblichkeit. Theben, 14. Jh. v. Chr.

Unten: Die Kavaliere wollen sich gegenseitig darin übertreffen, ihre Angebeteten im „Baum mit den schönen Früchten" zu verzaubern. Frankreich, 17. Jh.

Rechte Seite: Um die goldenen Äpfeln aus dem Garten der Hesperiden zu erhalten, muß Herakles den Drachen überwinden. Antikes Basrelief aus der Villa Albani, Rom.

In der jüngeren Geschichte verehren Römer und Kelten die Eiche und die Eibe, den Baum, von dem das Holz für die Bögen der Krieger stammt: Die Eibenäste liefern das Gift, mit dem man die Spitzen der Pfeile bestreicht oder mit dem man sich das Leben nimmt. Unter einer Eibe wurde Robin Hood begraben, neben ihm sein Bogen aus demselben Holz, sein Degen an seinem Kopf und seine Pfeile zu seinen Füßen. Die Druiden hielten Eiben für unsterblich. Oft tausend Jahre alt, sind die Eiben heute die Herren der Friedhöfe. Ihre Wurzeln, so sagt man, nehmen die Gedanken der Toten auf, und die Äste verstreuen sie in den Wind. Mit ihrem langsamen Wachstum und ihrem festen Holz konnten sie die Eiszeit überstehen: Manche sagen, daß das Taxol aus ihrer Rinde Krebs heilen kann – das nur als kleiner Zusatz zur Legende.

Der Weihnachtsbaum, in Europa eine Tanne, auf den Kanarischen Inseln eine Araukarie, kam im 16. Jahrhundert nach Deutschland; im 19. Jahrhundert verbreitete er sich in ganz Europa und ist seit damals ein Symbol des Überflusses und des Glück. Erinnern wir uns zu guter Letzt an die 60000 Bäume, zum Großteil Linden, die in Frankreich 1792 als Versprechen für bessere, von der Tyrannei erlöste Tage gepflanzt wurden.

Linke Seite: Auf der Flucht vor Apollo verwandelt sich Daphne in einen Lorbeerbaum. Korallenholz, vergoldetes Silber und Juwelen, W. Jamnitzer, Deutschland, 16. Jh.

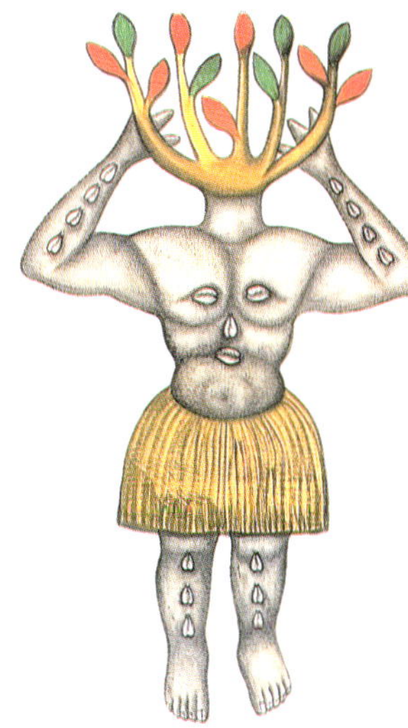

Links: Apollo und Daphne. Gemälde von Antonio del Pollaiuolo, 15. Jh.
Oben: Aziza, Gott des Waldes. Cyprien Tokoudagba, 1992.

Unten: Zeus verwandelt die Nymphen. Francesco Colonna, *Le Songe de Poliphilie*, 15. Jh.

Rechts: Myrrha verwandelt sich aus Scham über die Verführung ihres eigenen Vaters in einen Baum und gebärt Adonis in einem Schauer duftender Tropfen.

Ecce gero parvulem Humeris
et per mare Vastum,
omnia portantem porto
nec Inde gravor.
MAR
1601

Linke Seite: Der heilige Christoph schüttelt den Opferbaum, eine andere Form des Klettermastes. Deutschland, 1601. Reichtum verspricht auch der Weihnachtsbaum *(oben)*, eine Araukarie in El Hierro auf den Kanarischen Inseln. *Unten:* Der Baum zur Feier der Neugewählten in Saint-Just im Cantal. Das Besteigen von Bäumen oder Totempfählen bringt Glück. *Rechts:* Der Stamm Arunta, Australien.

30

Seite 28: Stammbaum der heiligen Anna, Symbol der Fruchtbarkeit, von G. David, Frankreich, 15. Jh.
Seite 29: Isis veredelt einen Baum. Diese Darstellung könnte als erotisch empfunden werden, sie ist jedoch nur eine geheimnisvolle Allegorie der Unbefleckten Empfängnis. Miniatur, nach einer Niederschrift von Christine de Pisan, Frankreich, 15. Jh.
Linke Seite: Palme, Italien.
Rechts: Palme, Ägypten. Die Palme – die Achse des Universums und der kosmische Baum – wurde in Mesopotamien bereits vor 6000 Jahren als erster Obstbaum kultiviert. Ihre Fruchtbarkeit wurde zum Segen für das gesamte Mittelmeerbecken.

Plutarch schrieb heilige Lieder zu Ehren der Palme, eines Baumes, der alle Kunstarten inspirierte: von der Architektur *(links:* Gewölbe in Form einer Palme in der Kirche der Jakobiner in Toulouse) bis zur Keramik (*rechte Seite:* Azulejos, Portugal). Die Phönixpalme scheint wie ihr Namensvetter, der Vogel Phönix, unsterblich und erhebt sich immer wieder aus der Asche.

Auf dem Dorfplatz, auf dem Familienanwesen, im Wald, im ganzen Land beruft sich jeder stolz darauf, den ältesten, den größten, den schönsten Baum der Welt zu besitzen. Bis zum 18. Jahrhundert waren die Europäer davon überzeugt, daß kein anderer Baum jemals das Alter ihrer hundertjährigen Eichen überschreiten könnte. Sie hielten die Eichen sogar für unsterblich. Doch diese Überzeugung wurde erschüttert, als Reisende und Entdecker in bislang ungeahnten Wüsten und Wäldern Bäume fanden, die so alt wie Mammuts waren. Im 20. Jahrhundert wurde die Dendrologie eine exakte Wissenschaft, und sie lehrt uns, daß, wenn die ältesten Bäume Europas bis zu 2000 Jahre alt sein können, es welche gibt, die noch zweimal so alt sind. Der aktuelle Stand der Wissenschaft vermutet, daß die ältesten Bäume der Welt die Bristlecones sein könnten, kleine, verkümmerte Pflan-

URALTE

zen aus der Familie der Kiefer, manchmal auch Fuchsschwänze genannt, aufgrund der Form ihrer Astenden, die auf ungefähr 5000 Jahre geschätzt werden. Sie wachsen in rund 2900 bis 3500 Metern Seehöhe in den White Mountains in Ostkalifornien. Hier lebten früher die Paiutes-Indianer, die sich von ihren Samenkörnern ernährten. Bristlecones können bei Temperaturen bis zu minus 40 Grad Celsius überleben. Ihre dürren, trockenen, krummen Stämme erwecken den Anschein von halbtoten Bäumen in den Felsen. Sie erinnern in vielem an die Sabinische Kiefer von El Hierro auf den Kanaren, die ebenfalls für ihre Alterslosigkeit bekannt ist. Im Kloster von Santo Domingo auf Gran Canaria oder in Icod auf Teneriffa findet man übrigens eine andere außergewöhnliche Art: den Echten Drachenbaum, eine eigenartige Pflanze, deren dunkelroter Gummi an Blut erinnert. 1798 sprach ihm Humboldt 8 000 Jahre zu, diese Zahl wird heute von den Botanikern durch zwei dividiert. Dafür weiß niemand genau, in welche Zeit der Affenbrotbaum zurückreicht, der dickleibige und glänzende afrikanische Patriarch, den Livingstone das „achte Weltwunder" nannte. Im 18. Jahrhundert sprach Adanson den Affenbrotbäumen Senegals und der Kapverden 5 000 Jahre zu, ein Alter, auf das man die mexikanische Zypresse von Santa-Maria-del-Tule, bei Oaxaca, ebenfalls schätzt. Diese ist ein großartiges Denkmal, gleich breit wie hoch, wahrscheinlich von mehreren Stämmen getragen, die durch die langen, metallischen, unterirdischen Adern am Leben erhalten werden. Die Kiefer von Douglas und die Sequoia des Pazifiks, die fast ebenso ehrwürdig sind, werden auf ein Alter von 2500 bis 3500 Jahren geschätzt. Und sie erreichen eine Höhe, die sich vor dem 19. Jahrhundert

ZEUGEN

kein Europäer vorzustellen gewagt hätte: Der Founder's Tree, der Dyerville oder der Tall Tree, im Redwood Nationalpark, nicht weit von San Francisco, erreichen eine Höhe von mehr als hundert Metern. Ihr großartiger, rosa, geradliniger Stamm läßt die ersten Zweige erst in einer Höhe von fünfzig Metern wachsen, und die jungen, grünen Zweige entfalten sich buchstäblich „fast im Himmel", in einem Raum, den nur die Vögel erreichen können. Vor etwas mehr als hundert Jahren entdeckt, versetzten diese Giganten die Amerikaner in maßloses Erstaunen, die sich nicht gleich deren Bedeutung bewußt waren. Man betrachtete sie als göttliche Phänomene und stellte ihre Rinde im Zirkus zur Schau.

Vorhergehende Seite: Das Schild „A l'arbre à liège" in Paris ist die einzige Erinnerung an ein aufgelassenes Geschäft.
Rechts, von oben beginnend: Die Major Oak in England, eine 500 Jahre alte Eiche im Sherwood Forest, unter der sich Robin Hood und seine Freunde versammelten. In Deutschland wurde der Kastanienbaum von Hitzhacker, der sich über eine Fläche von 700 m^2 ausbreitet, mit dem Kopf nach unten von einem Rutengänger gepflanzt. Die Eibe von Hamme-Mille (800 Jahre) in Valduc, Wallonien. Die tausendjährige Eiche in Tronjoly-Callac, Frankreich.
Gegenüberliegende Seite: Die Eiche auf dem Bauernhof von Bowthorpe, achthundert Jahre alt, England.
Nächste Seite, von links nach rechts: Der hundertjährige Kastanienbaum von Ceyroux in Creuse ist der älteste Baum des kleinsten Weilers. In South Carolina, USA, irren in der Nacht die Seelen der Sklaven unter der Angel Oak herum, die 1400 Jahre alt ist.
Ein Grenadierbaum, der 1680 in Versailles für Ludwig XIV. gebaut wurde, ein damals sehr verbreitetes Symbol der Fruchtbarkeit.

In Europa fasziniert schon ein Baum, der älter als zwei- oder dreihundert Jahre ist. War er nicht Zeuge von Ereignissen, die über den Rahmen eines menschlichen Lebens hinausgehen? Es ist diese Erinnerung, die uns berührt, noch mehr als sein Alter, seine Größe und seine Schönheit. Das Gleichgewicht zwischen Stamm und Geäst, die Harmonie der Zweige, sofern nicht ein Blitz oder menschliche Hand sie verändert haben, machen eine drei- bis vierhundert Jahre alte Linde, Eiche oder Ulme zu Recht zum Gegenstand der Bewunderung. Doch sobald ihr Alter über diese Grenze hinausgeht, bieten die Bäume ein schwer zu ertragendes Schauspiel:

Ein geborstener, knorriger, verkrüppelter Stamm, da er gezwungen wurde, sich um irgend etwas zu ranken, eine klaffende Wunde, eine zum Himmel offene Höhle, aus der ein paar Äste sprießen, machen sie zu einer Art Bild der materialisierten Zeit, des lebendigen, doch versteinerten Gedächtnisses. Sie ähneln alten Dickhäutern, einem hundertjährigen menschlichen Wesen. Angesichts tiefer Furchen, rissigen Holzes, enormer Knorren, die die Rinde deformieren, verläßt die Volksweisheit die wissenschaftliche Beschreibung, geht über ins Mythische, Poetische oder Vertraute: Man bezeichnet den Baum als König der Könige oder auch als

Jupiter, als Großen Meister, als Gesegneten, als Gottesbuche. Die meisten europäischen Sprachen schöpfen, um sie zu benennen, aus dem emotionalen Wortschatz, die Amerikaner bevorzugen das Heldentum, die Namen von Generälen oder Präsidenten.

In Europa waren die Eichen lange Zeit der Archetyp des Baumes, und wahrscheinlich ist es dieser Mythos, der sie rettet. Man findet noch viele, die fast zwei Jahrhunderte alt sind. In Dänemark erreichen die Royal und die Tordu auf der Halbinsel nahe bei Roskildefjord ein Alter von fast 2000 Jahren. Früher erhoben

Links: Die Eiche Guillotin von Brocéliande diente während der Revolution dem Mönch, der ihr den Namen gab, als Versteck. Man erzählt auch, daß die Fee Melusine hier eines Tages Merlin, den Zauberer, eingesperrt hat …
Mitte: Der Ölbaum Roquebrune, den man auch König der Könige nennt, ist 2000 Jahre alt.
Rechts: Der Lindenbaum von Chaliers im Cantal; er gehört zu den 6000 „außergewöhnlichen" Bäumen, die die Landschaftskommission 1930 in ihr Verzeichnis aufnahm.

sie sich in einem riesigen Wald, der den ganzen Norden Europas bedeckte. In Frankreich dürfte die einsam auf einem Felde stehende Eiche von Montravail, in Pessines in Charente-Maritime, gleich alt sein. Eine Eiche im Wald von Roumare, in der Nähe von Rouen, ist wahrscheinlich noch weitaus älter: Sie war bereits sehr alt, als der ursprünglich aus Norwegen stammende Rollon de Normandie ihre Zweige im 10. Jahrhundert mit goldenen Ketten behängte. In England ist die Major Oak im Wald von Sherwood in Nottinghamshire die vielleicht schönste Eiche, die es gibt. Sie erhebt sich mit ihrem dichten Blattwerk und ihrem mächtigen

Stamm wunderbar aus ihrer Wiese, ihre Perfektion ist beeindruckend, und doch zählt sie nicht mehr als fünfhundert Jahre. Und wenngleich heute moderne Methoden das Alter eines Baumes neu bestimmen, bleiben doch die zahlreichen Legenden und Mythen mit ihm verbunden.

Zählen wir ein paar von ihnen auf: Die Eiche der Partisanen in Saint-Ouen-les-Parey wurde 1654 zu Ehren der Verbündeten des Herzogs von Lothringen gepflanzt. Die Eiche des Pavillons, die größte im Wald von Tronçais, ist eine der einzigen Überlebenden des Hochwaldes Colberts, jenes Waldes, der das Holz für die Schiffe Ludwigs XIV. lieferte. In South Carolina in den Vereinigten Staaten, nahe bei Charleston, hat die Eiche der Engel – Angel Oak – nichts zu tun mit dem Himmel oder seinen Erscheinungen. Man sagt, daß sie, ein Jahrhundert vor der Entdeckung Amerikas durch Christoph Columbus gepflanzt, ihren Namen einer Pflanzerfamilie aus dem 18. Jahrhundert zu verdanken hat, den Waights. Eine Tochter dieser Familie heiratete einen gewissen Mr. Angel. Von einer fast magischen Aura umgeben, ist Angel Oak ein häufig besuchter Wallfahrtsort; in der Nacht sieht man dort, so scheint es, die Seelen der mißhandelten Sklaven herumirren.

Vorhergehende Doppelseite: Die Ölbäume von Filitosa, auf Korsika, könnten so alt sein wie die Megalithe, die sie umgeben. *Rechte Seite:* Die Ulme von Biscarrosse, in Frankreich, schmückt sich im Frühling mit einer seltsamen Blütenkrone, zur Erinnerung an ein junges betrogenes Mädchen, das man nackt unter seinen Ästen festband.

Der Lindenbaum, nicht so dunkel und weniger imposant als die Eiche, ist der Baum der Liebe, der Freundschaft, der Zusammenkunft, des Festes und des gemeinschaftlichen Lebens. Es ist leicht, die Riten und Erinnerungen, die mit ihm zusammenhängen, zu beschreiben. In Niedersachsen dürfte die Linde von Elbrinxen älter als 2000 Jahre sein, ebenso jene von Estry im Calvados. Die von Samoëns ist nicht älter als 1600 Jahre. Viel später, im Jahre 1458, wurde die Linde von Ivory im Jura gepflanzt, um die Hochzeit von Maria von Burgund, Tochter

Unten: Die ineinander wachsenden Fici von Santa-Maria-del-Tule in Mexiko sind 4000 Jahre alt.

Rechts: Die Fici aus dem Garten Garibaldi in Palermo, Sizilien, mit ihren ineinander verwobenen Luftwurzeln sind die ältesten in Europa.

Karl des Kühnen, zu feiern, während ein anderer Lindenbaum, der einige Jahre später in Freiburg gepflanzt wurde, bis 1983 von der Niederlage eben dieses Karls zeugte. Linden sind oft das Wahrzeichen der Freiheit. Jene von Sagy in Saône-et-Loire, die, so sagt man, von Sully gepflanzt worden war, wurde wie so viele andere im Jahre 1792 zum Baum der Freiheit geweiht. Die Linde von Neustadt, im deutschen Württemberg, wird von hundertsechs nebeneinandergereihten Steinsäulen gestützt. In einige von ihnen sind die Namen der Personen, die sie errichtet haben, eingraviert, und sie datieren ins 16. und 17. Jahrhundert zurück.

Die Ölbäume, die in Kreta schon 3500 v. Chr. erwähnt wurden, kamen erst spät nach Frankreich. Jener von Roquebrune-Cap-Martin, an der Côte d'Azur, dessen „pneumatischer“ Stamm sich sanft neigt und die ihn umgebenden Steine zu verschlingen scheint, ist allerdings 2000 Jahre alt. Die berühmten Ölbäume von Nyons sind aneinandergereiht wie eine Kolonie. Die durch die Bibel geweihten Ölbäume von Gethsemani, in der Nähe von Jerusalem, scheinen Zeugen der Agonie Christi gewesen zu sein. Auf Sardinien oder auf Korsika erreichen diese Bäume oft ein ehrwürdiges Alter. Und man nimmt an, daß die Ölbäume von

Linke Seite: Links: Der Echte Drachenbaum auf Teneriffa. Dieser Baum ist wahrscheinlich mehr als 1 000 Jahre alt. Die Alchimisten glaubten, den roten Gummi, der aus seinem gegabelten Stamm fließt, in Gold verwandeln zu können.
Rechts: Die Eibe des Friedhofs von Crowhurst, Sussex. Die Druiden verehrten die Eibe, das Symbol für Ewigkeit und Tod. Als erste begruben sie ihre Toten am Fuße dieser Bäume, die bereits die Eiszeit überlebt hatten.
Links: Die Sequoia Tallest, die sich mitten im Redwood Nationalpark in Kalifornien erhebt, ist der höchste Baum der Welt (112 Meter).

PRECIS
2NWN097

Filitosa Zeitgenossen der Megalithen, in deren Mitte sie stehen, sein könnten.

Auch die Zedern und die Platanen sind „Immigranten". Die Zeder, die Jussieu 1734 nach Paris brachte, kam bereits mehr als hundert Jahre später als jene, die 1630 in Wilton House, in der Nähe von Southampton in England, gepflanzt worden war. In ihrer Heimat, im Himalaya, in Marokko, in der Türkei oder im Libanon – auch wenn sie dort schon selten sind –, können diese Prinzessinnen des Orients bis zu tausend Jahre alt und zwischen dreißig und vierzig Meter hoch werden. So wie die Platane, die König Salomon diente, damit dieser die Tempelsäulen in Jerusalem errichten konnte. Die Platane in Chios in Griechenland, die schon den Fragestunden Hippokrates' Unterkunft gewährte, gibt es immer, wie jene in Istanbul, die einst durch ihren Schatten das Zelt Godefroys de Bouillon bedeckte.

Vorhergehende Doppelseite: Monströse Dimensionen der Sequoia Drive-Thru, die in Kalifornien wächst. *Rechte Seite:* Das Alter der Bristlecones (5 000 Jahre) scheint unfaßbar zu sein. Sie wachsen in den White Mountains in den USA und sind wahrscheinlich die ältesten Bäume der Welt.

Mit den Weißdornen und den Eiben schließt sich der Kreis dieser großen grünen Patriarchen der alten Welt. Die Weißdorne von Saint-Mars-sur-la-Futaie in Mayenne galten bereits im 11. Jahrhundert für sehr alt. Und zu den ältesten Eiben der Normandie zählen jene auf dem Friedhof von Estry im Calvados, die 1 600, und die auf dem Friedhof von Haye-de-Routot, die 1 500 Jahre alt ist. Im Massiv von Saint-Baume oder in den Ostpyrenäen sind sie etwas jünger. Überall auf der Welt erzählen uns die Bäume Geschichten und Legenden. Die Sykomora, die sich in den Ruinen der Heliopolis bei Kairo erhebt, soll sogar die Flucht der Heiligen Familie aus Ägypten erlebt haben und die Tatsache bezeugen können, daß Jesus den Bach entspringen ließ, der nicht weit entfernt fließt. In Córdoba befindet sich eine Palme, die, so heißt es, von einem arabischen Prinzen, Abderames, einem Zeitgenossen Karl des Großen, zum Gedächtnis an seine syrische Heimat gepflanzt wurde.

Seit Jahrhunderten versuchen die Religionen, die heidnischen Bräuche abzuschaffen. Doch die Bäume bleiben untrennbar mit uns verbunden, im Herbst dem Tod geweiht – im Frühjahr wiedergeboren, durchdauern sie die Jahrhunderte. Sie sind älter und kraftvoller als die Menschen und diesen überlegen. Sicher eine Erklärung dafür, warum es südlich von Brüssel oder weniger als zweihundert Kilometer von Paris entfernt, bei Einbruch der Nacht – wenn man den Wagenspuren Glauben schenkt – zahlreiche Baumliebhaber gibt, die dort ihre Krankheiten, ihren Kummer, ihre quälenden Wünsche gewissen alten Bäumen mitteilen in der Überzeugung, daß diese Bäume ihr Unglück auf sich nehmen können – eine Kraft, deren Ursache nicht in ihrem Wesen oder ihrem Alter liegt: Eine bestimmte Form, eine Mißbildung des Stammes, eine bestimmte geographische

RITUELL UND

Lage, ein kürzlich vorgefallenes Ereignis genügen oft, um ein geheimnisvolles und dunkles Ritual zu rechtfertigen, von dem dann nur ein paar Spuren Zeugnis geben.

Drei Jahrhunderte n. Chr. schreibt Arnobe auf seiner Reise durch Tunesien in seinem Tagebuch von magischen Bäumen, die, behängt mit Bändern, bestimmte Hoffnungen versinnbildlichen. Vivant Denon berichtet 1802 in seiner *Voyage dans la haute et basse Egypte* ebenfalls von diesen „Opferbäumen“: „Es gab einen in Chandaouyeh … Ich fand dort angebundene Haare, Nägel, Zähne, kleine Ledersäcke und kleine Fahnen … Die Haare wurden von den Frauen am Baum befestigt, um die Treulosigkeit ihrer Männer zu bekämpfen, die Zähne, um die Rückkehr der Frau zu erflehen.“ 1929 schreiben Hermant und Bosmon, zwei belgische Schriftsteller, vom Brauch, Gegenstände an die lebensspendenden Bäume zu binden. Ein archäologischer Bericht von Oise aus dem Jahr 1854 verweist auf 253 Bäume, darunter vierzehn Linden, die in diesem Departement verehrt wurden.

Der Kult vergöttlicht den Baum nicht. Man bewundert ihn nicht um seiner selbst, sondern benützt ihn als Träger, dem man seine Leiden übergeben kann – Zahnschmerzen, Hautkrankheiten, Unfruchtbarkeit, Wahnsinn, Depression, Liebeskummer.

In Europa erinnert die Ansammlung zusammengewürfelter Gegenstände am Stamm der „Nagel"- oder „Lumpenbäume" sowohl an einen Trödelmarkt als auch an eine magische Zeremonie im goldenen Licht des Sonnenunterganges: Ketten, T-Shirts, Verbände, Verpackungen von Antidepressiva, rosa Mieder mit Sternen, Strumpfhosen, Pullover, Krücken, Haarsträhnen neben Rosenkränzen,

MAGISCH

frischen oder verblühten Blumensträußen, rostigen Nägeln und Geldstücken, die die Struktur des Baumes langsam zu vernichten scheinen.

Die Kirche, vor allem die katholische, die unfähig ist, diese alten Kulte, die eng mit archaischen Mythen verbunden sind, zu unterbinden, errichtet in der Nähe oft ein Kreuz, oder eine Kapelle, um die Gläubigen zurückzuholen. Man hat die Eiche von Jurbise mit der Verehrung des heiligen Johannes verbunden und die berühmtesten Linden mit den Statuen der Jungfrau geschmückt: Notre-Dame de la Délivrance, Notre-Dame de Graçe, de la Consolation, du Bon Secours. In Litauen wurden die großen Birken bereits im 16. und 17. Jahrhundert mit polychromen, aus Holz geschnitzten Christusfiguren geschmückt, die so schön waren wie die in den Kirchen, und von denen nur ein paar erhalten geblieben sind. Im gesamten katholischen

54

Seite 53: An der Kirche von Sutton Benger, England, um 1300. *Linke Seite: Links oben:* Exeter, England, um 1310. *Links unten,:* Der „Green man“ des Klosters von Norwich, England, 1415. Von Chartres bis Freiburg, von Ulm bis Dijon besitzen alle großen gotischen Bauwerke ihren „Green man“, ihren „Laubmann“, das Symbol des Todes und der Wiedergeburt. Im Frühling bedecken sie sich mit Ästen, Blätter und Zweige wachsen aus ihrem Mund. *Rechts:* Zu Silvester bedecken sich Appenzeller mit einer Baumrinde und mit Blättern. *Seite 55:* Kathedrale von Bamberg, Deutschland, um 1200.

Hesingen, einstundt von Basel, 48
bauren wegen einer auffruhr an
drey bauwm gehenckt worden.
Hesingen

Basel

Europa gibt es Wallfahrten, deren Ziel besondere, außergewöhnliche Bäume sind. In Indien legen die Frauen ihre Opfergaben an den Fuß des Bananenbaumes, dessen Luftwurzeln an den kosmischen Baum erinnern. Diese Gaben sind dazu bestimmt, ihnen männliche Nachkommenschaft zu schenken. In Kalifornien legt man sie in die Baumhöhle einer Kiefer. Und die mexikanischen Indianer verwenden den Ficus, der dem Bananenbaum sehr ähnlich ist, für ihre Riten. Oft verbreitet der Baum seine Kraft durch seine bloße Anwesenheit. Man kann sich auch damit begnügen, ein Kind unter sein Astwerk oder in den Spalt zwischen den beiden Hälften seines durch die Wurzeln geteilten Stammes zu legen, das Wasser zu trinken, das aus den Unebenheiten seines Stammes austritt, oder die Früchte aufzulesen und sie bei sich aufzubewahren. Die sogenannten „magischen" Edelkastanien findet man im Muséon Arlaten in Arles. Die Älteren bewahren sie noch in ihren Taschen auf, um Unheil von sich fernzuhalten.

Vorhergehende Doppelseite: Niederwerfung eines Bauernaufstandes, Basel, 1603. Seit dem Mittelalter hängt man in ganz Europa die Feinde der Macht auf die Bäume der Gerechtigkeit: Der Baum des Gehängten, Eiche im Gibeon. Man sagt, daß die außergewöhnliche Fruchtbarkeit des Bodens dieser traurigen Plätze die magische Mandragora wachsen läßt. *Rechte Seite: Oben:* Neujahr in Kyoto, Japan. Man hängt Papierstreifen in die Kirschbäume, um Glück zu erbitten.
Unten: In Indien legt man behauene Steine an den Fuß der Bäume, um männliche Nachkommenschaft zu erflehen.

In Margeride, einer Region der Auvergne, spielt der Baum bei den Hochzeitsbräuchen eine große Rolle. Zu Tagesbeginn begibt man sich in die Berge, um einen Wacholderstrauch abzuschneiden, den man, nachdem man ihn mit Papierblumen behängt hat, am Haus der Jungverheirateten festmacht, damit er ihnen Glück bringe. In vielen Ländern Europas wird er außerdem im Inneren eines Hauses verbrannt, um es zu desinfizieren und gegen Seuchen zu schützen. Wie der Weißdorn oder, je nach Region, der Holunder, hat auch der Wacholder die Kraft, böse Geister zu verjagen; seine Äste werden noch heute über die Eingangstüren gehängt. Auf dem Dorfplatz von Lucheux in Nordfrankreich lädt eine Linde, der Baum der Verliebten, das Brautpaar ein, durch ihren doppelten Stamm hindurchzusteigen. In Bengalen werden die Paare während der Hochzeitszeremonie an einen Mangobaum gebunden, um seine magischen Strahlen in sich aufzunehmen.

Die großen uralten Eiben von Haye-de-Routot (sie sind zweifellos älter als 1500 Jahre) in der Normandie sind Zeugen eines noch viel außergewöhnlicheren Brauches: der Feuer von Saint-Clair. Seit dem 9. Jahrhundert errichtet man am 16. Juli bei diesen beiden Giganten einen großen Scheiterhaufen in Form eines Trapezes, dessen brennende Teile die Häuser vor Blitzschlag und dessen Flammen vor Augenerkrankungen schützen sollen. Dieses Fest erinnert sehr an die heidnische Zeremonie der „Lucariana“, die die Druiden zur Sommersonnenwende in mehreren heiligen Wäldern der Normandie begingen. Nicht weit von dort, in Vieux-Port, bestand ein geheimer Ritus der Ältesten darin, bei angebrochener Nacht Knoten in die Haselnußsträucher rund um den alten Brunnen von Saint-Thomas zu binden. Das Wasser dieses Brunnens soll als Heilmittel gegen Aussatz gedient haben. In der Originalversion des *Aschenputtels* von Giambattista Basile bittet die arme Prinzessin ihren Vater ebenfalls um einen Haselnußstrauch. Er wird auf das Grab ihrer Mutter gepflanzt und erfüllt so all ihre Wünsche. Der Haselnußstrauch – oder Haselstrauch – ist eine magische Pflanze, aus der die Rute des Wünschelrutengängers oder des Metallsuchers und der Zauberstab der Feen gemacht sind.

Heutzutage gibt es noch am 1. Mai viele Veranstaltungen, die mit diesen Ästen, diesen Stämmen, diesen immer wieder ergrünenden Bäumen verbunden sind. Im 3. Jahrhundert gab es bei den Römern am Tag der Tagundnachtgleiche des Frühjahrs den Brauch, die frisch gefällte Kiefer zu feiern, die die Priester aus dem Wald mitgebracht

Vorhergehende Doppelseite, sowie unten und rechts: Im 15. Jh. wurde die Pest von den Ulmen von Senarpont zwischen Paris und Touquet aufgehalten. Seit damals flehen die Menschen zu diesen durch einen Brand verwüsteten Baumstämmen, und sie hängen „Lumpen" auf, die als Botschaft dienen: Pantoffeln gegen Rheuma, Hemden für die Lunge, Halstücher für die Kehle, Krücken, Stiefel und Prothesen jeder Art. Wenn der Wunsch erhört wird, bringt man Blumen.

Rechte Seite: Oben: Bänder und Stoffetzen erinnern in England an den gewaltsamen Tod des Popstars Marc Bolan, und *unten* erinnern tausend kleine Fähnchen an die Hochzeit der Verliebten von Shropshire vor 200 Jahren. *Mitte:* In der Bretagne heilt die Eiche mit dem Flurnamen „Das Grab des Mädchens" Fuß- und Beinkrankheiten. Sollte es eines Tages jemand wagen, sie zu fällen, wird er das „Beil sich ihm zuwenden" sehen.

63

hatten. Sie war wie eine Mumie eingewickelt und mit Vergißmeinnichtblüten verziert – das Sinnbild des toten Winters! Dann schnitt sich der Priester in den Arm und verspritzte sein Blut über dem Baum. Die Menge verfiel in Trance. Manche kastrierten sich, um dem Baum ihre Jungfräulichkeit darzubringen. Dieser Fruchtbarkeitsritus sollte den Frühling herbeirufen.

Heute gibt es noch einige weniger pittoreske und primitive Veranstaltungen, die die Rückkehr des Lebens, des Frühlings feiern, des „Laubmannes" oder „Green man", Symbol des Lebens und des Todes, mit seiner Maske aus Blättern und seinen Ästen, die ihm aus dem Mund und aus den Nasenlöchern wachsen. Man kann diese Männer auf den Mauern der Kathedralen von Norwich und Exeter in England sehen, sie stammen aus dem 14. und 15. Jahrhundert. Doch es gibt sie auch in Frankreich, in Auxerre, Poitiers und auch noch in Chartres. In der Schweiz, in Afrika, in Neuengland in den USA und in Australien verkleidet man sich im Frühling als Holz- oder

Baummann, man tanzt um den „May“, ein einfaches Totem oder einen aufgestellten, dekorierten, mit Bändern geschmückten Stamm. Manche versuchen, den Wipfel dieses Klettermastes zu erklimmen, um dafür eine Belohnung zu erhalten. Diese symbolisiert immer den Himmel (wie bei den Schamanen in Sibirien) und ist doch in Wirklichkeit oft nichts weiter als eine Flasche guten Weines. Zu Allerheiligen stellen die Bewohner Neuenglands mit Plastiksäcken vollgehängte Bäume vor ihren Türen auf. Diese Säcke repräsentieren kleine Geister, zweifellos verwandt mit jenen, die die Inselbewohner Trinidads so fürchten, wenn sie sehen, wie sie in Form von Spitzbärten vom „Silk cotton tree“ tropfen. In der Bretagne lebte man noch vor kurzer Zeit mit dem Volk der Kobolde, Irrwische und Zwerge, die in den Baumstämmen wohnten. Die Menschen, die um die Jahrhundertwende geboren wurden, haben sie noch „gesehen“. Und letztendlich gibt es keinen Baum, dessen Saft oder Blüten nicht zu uns „sprechen“. Die Legende erzählt, daß die rote Nationalblüte Argentiniens – die Blüte des Kapokbaumes – an jenem Tag erschien, als die Konquistatoren eine junge Indianerin mit dem Namen Anahi an einen Baumstamm banden, um sie zu verbrennen. Sie sahen, wie sich die Blüten des Baumes mit blutroter Farbe bedeckten. Die Mandelbäume Andalusiens schmücken sich mitten im Winter nur deshalb mit strahlend weißen Blüten, um an die Liebe jenes maurischen Sultans zu erinnern, der die Sehnsucht seiner norwegischen Braut nach den schneeweißen Fjorden ihrer Heimat lindern wollte.

Während seiner Reise durch Ägypten im Jahre 1802 zeichnete Vivant Denon in Chandaouyeh einen Baum, an dem kleine Ledersäcke hingen, kleine Stofffetzen, Nägel und Haare.

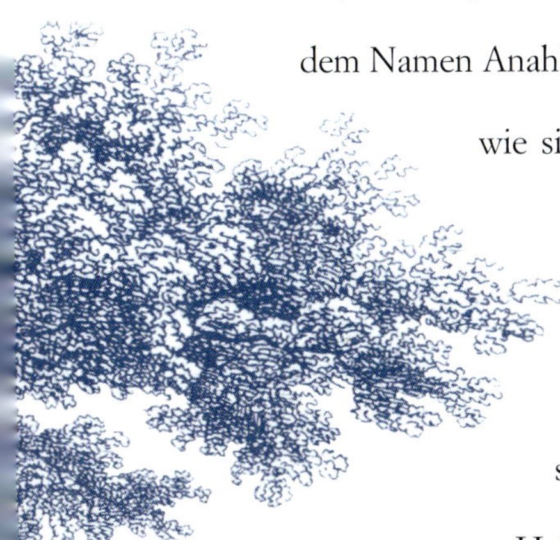

In Belgien kennt man die einsam auf einem Feld stehende Eiche von Jurbise in Herchies, oder „Eiche mit Nägeln", seit dem Mittelalter. Die katholische Kirche taufte sie in „Eiche des heiligen Antonius" um. In der Nacht hängt man an ihren Stamm Kleider, Medikamentendosen, Rosenkränze, Verbände. Wenn sie bereits übermäßig behängt ist, wird alles verbrannt, dadurch kann auch die Eiche sterben, es wird dann sofort eine neue gepflanzt.

BAR
TAB

Linke Seite. Links oben. In Paris dient die Ulme von Saint-Gervais, ein alter Baum der Gerechtigkeit, nur mehr den Magnetopathen. *Links unten:* Die Brautpaare von Margeride kennzeichnen ihre Häuser mit einem dekorierten Wacholderstrauch. Jene von Lucheux *(rechts unten)* durchsteigen den Stamm einer Linde. Ein Baum des Glücks ist auch die Gesegnete Eiche von Magny-les-Jussey, Haute-Saône *(rechts oben)*, die 1000 Jahre alt sein muß.
Links: Eine magische Anrufung, in Seine Port in der Normandie, in der Nähe des alten Brunnens der Aussätzigen: ein Knoten in einem Haselstrauch, dem Baum, aus dem man die Zauberstäbe der Feen macht.

ROBERT
DEDIE
PAR I B GILSO
ET I M CLEMEN
1756

Linke Seite: In der berühmten Linde von Lasne in Belgien errichteten die Christen 1756 die Statue des heiligen Robert, um des Todes eines kleinen Hirten zu gedenken. Will man mit den Kerzen den Baum oder den Heiligen anrufen?
Links: In Dax besteht keine Verbindung zwischen Notre-Dame-de-Lourdes und der Eiche, in der sie steht *(oben)*. Dieser 800 Jahre alte Baum ist bereits dem heiligen Vincent de Paul geweiht,der im 16. Jh. einen Meter von hier geboren worden war. *Mitte und unten:* In Flandern und in Holland wurden alle alten heidnischen Bäume von der Kirche „wiedergefunden".

In Indien besprengt man den Fuß des Bananenbaumes, der eng mit Buddha verbunden ist, und legt Steine als Opfergaben hin, um Glück und vor allem Fruchtbarkeit zu erbitten.

Unten: In Mexiko beherbergt dieser Ficus eine Christusstatue, umgeben von Kerzen und Papierblumen.
Links: In Burma werden die Blumen, die Vasen, alle Opfergaben in kleinen, fein gearbeiteten Häuschen dargeboten. Sie sind poetischer als

die alten Lumpen und Nägel, die man in Europa findet, auch wenn das Ziel das gleiche ist: zum Baum zu sprechen.
Rechte Seite: In Thailand ruft man Buddha an, dessen Haupt in einem Baumstamm erscheint.

Wenn die Natur auch die erstaunlichsten Baumformen hervorgebracht hat, so hat der Mensch darüber hinaus versucht, die Bäume seiner Umgebung nach seinen Vorstellungen zu formen. Mit den Topiarbonsais wollte er die Natur neu erfinden. Die Topiarkunst besteht darin, die Bäume und Sträucher zu beschneiden oder sie in eine bestimmte Form zu zwingen, indem man sie verdreht, mit Draht armiert oder mit Gewichten beschwert, um einzigartige Proportionen zu erhalten; „Werke“, die die Natur nicht bietet. Die Römer kannten diese Kunst seit dem 1. Jahrhundert n. Chr. Ein Freund Kaiser Augustus’, Cnaeus Martius, spielt bereits auf sie an, und ein Jahrhundert später beschreibt Plinius Hecken, die aussehen wie Tiere, Obelisken oder „Buchstaben, die den Namen des Hausherrn schreiben“. Bewundernswerte Künstler! Dennoch mußte man in

EINZELGÄNGER UN

Italien auf die Renaissance warten, bis die Topiarkunst wieder in Mode kam.

Von Italien verlegte sich die Topiarkunst nach Frankreich. Die von Lebreton im 16. Jahrhundert geschaffenen Gärten von Villandry sind eine perfekte Abbildung dieser „Stickereikunst“. In Vaux-le-Vicomte, in Saint-Cloud, in Marly, in Versailles (wenn hier auch maßvoller) betonen Le Vau und Le Nôtre ihre Blumenbeete mit kleinen Schwarzeibenkegeln, oder sie umstellen sie mit kilometerlangen Buchsbaumreihen. Die Zweige werden pedantisch beschnitten, um abgeschlossene Boskette zu erhalten, dunkle und kompakte Vorhänge, sie erinnern an Ordnung und Geometrie, auch wenn das tatsächliche Ziel darin lag, die extravagantesten Feste von der Außenwelt abzuschirmen. Die Holländer, die den Zwängen des Flachlandes und des Windes ausgesetzt

sind, schaffen kleine und komplexe Kunstwerke, die in ihrer Perfektion an Gemälde erinnern. In England muß man auf das 17. Jahrhundert warten, bis sich diese Kunst verbreitet, hier werden der französische und holländische Geschmack, werden Buchsbäume, Stechpalmen und Eiben miteinander vermischt. So konnte die ausgedehnte, sanft wogende und lebendige Eibenhecke von Montacute in Somerset, deren erste Bäume wahrscheinlich im 16. Jahrhundert gepflanzt wurden, bis heute die Zeit überstehen. Doch die Gärten, die diese Epoche am besten aufzeigen, befinden sich in Knighthayes in Devon, Packwood House in Warwickshire und Levens Hall in Cumbria. Letzterer wurde zwischen 1690 und 1720 von Monsieur de Beaumont gepflanzt und enthält Eibenskulpturen mit mehr als acht Metern, die mindestens drei Monate lang

) MISSBILDUNGEN

beschnitten werden müssen, um ihre spezielle Form zu erhalten. Weder vorher noch nachher gab es phantasievollere Figuren. Man schuf unzählige Schachbretter, keltische Harfen, Archen Noahs, Jagdszenen. Besonders schätzte man das Bild Christi und seiner zwölf Apostel. Die Topiarkunst tauchte im 19. Jahrhundert in den englischen Landhäusern wieder auf sowie in den großen, eleganten Häusern an der Ostküste der Vereinigten Staaten, wie in Monkton in Maryland, war jedoch eher amüsant als großartig.

Indem er die Zweige der Obstbäume verdrehte und verbog, knüpfte La Quintinie, der Gärtner Ludwig XIV,. an die Techniken der Renaissance an. Er schuf in Versailles einen Gemüsegarten, der beispielgebend wurde, etwa für den heutigen Garten von Prieure d'Orsan. Damit die Früchte schneller und zahlreicher wuchsen und

geschützt waren, arbeitete er mit der Spalierkunst und erhielt komplexe Formen, die zu Unrecht den Anschein erweckten, für das Auge geschaffen worden zu sein. Dagegen wurden die Äste der Robinie und der Linde nur zum ästhetischen Vergnügen veredelt, wodurch man nach oben geschlossene Alleen und seltsame Figuren schuf, so wie den belgischen dreistöckigen Lindenbaum von Momignies, der mit einem „geschorenen, fünfhundert Jahre alten Pudel" verglichen wurde. Hingegen wenn man die Zweige der Platanen in der Bretagne zuschnitt, so hatte das einen nützlichen Zweck: sie verbreiteten besser Schatten in der Hitze des Sommers. Die Chinesen und später die Japaner wollten die natürlichen Unregelmäßigkeiten auf ein Minimum reduzieren: So wurde der Bonsai geboren, der Baum, der hundertfach verkleinert wurde durch ein sehr langsames und sehr gekonntes Pizieren der Knospe, manchmal mit Hilfe von Draht. So besaß Kaiser Hirohito einen wahrhaft kunstvollen Miniaturgarten, in dem man alle Arten von Pflanzen fand, vom hundertjährigen Ahorn bis zum völlig entstellten Ficus. Dennoch kann auch die Natur die unglaublichsten Formen hervorbringen. Ein in Bodennähe gekappter Baum kann bis zu sieben, ja sogar vierzehn Zwillingsstämme entwickeln, wie die sogenannte „Eiche der vierzehn Brüder" in der Einöde der Tour du grain in Villers-Cotterets. Man sagt, daß die Höhle, die „Wanne" zwischen den Stämmen, heilbringenden Humus enthält. Wenn eine Eiche und eine Buche zu nahe nebeneinander gepflanzt werden oder ihre Samen in einem Wald zufällig nebeneinander zu sprießen beginnen, wachsen sie parallel und können einander entsprechen, sie formen eine durch ihren Mangel an Blättern und Früchten angsteinflößende Hydra mit zwei Köpfen. So zum Beispiel die Bonne Entente in Eu. Es genügen eine kleine

Seite 77: Der Ring eines Topiarbuchsbaumes, der dem aus dem *Songe Poliphile* von Francesco Colonna *(Seite 76)* auf verblüffende Weise ähnelt. *Vorhergehende Doppelseite:* Ein vom Blitz geformter Kastanienbaum in Flandern. *Links:* Ein Mangrovenbaum in Gambia, der sich um den Stamm einer Palme windet. *Rechte Seite:* Ein Mangrovenbaum auf den Galapagos-Inseln. *Folgende Doppelseite:* Die Faux de Verzy, die krummwachsenden Buchen bei Reims.

Verletzung des Stammes oder ein Virus, und dann entstehen kleine Einkerbungen, Furchen, Wundränder, Knorren. Zitrusfrüchte, die zum Beispiel auf diese Art verseucht wurden, können so unerwartete Formen annehmen, daß sie im Kuriositätenkabinett Ludwig XIV. in Versailles unter anderen Wunderwerken ausgestellt wurden. Auch die Wurzeln können die unterschiedlichsten Formen hervorbringen. Jene der kahlen Zypressen in Louisiana sprießen aus dem Boden, jene der Kapokbäume in Afrika formen wiegende und skulpturenhafte Kegel, die Luftwurzeln der Fici verwandeln den Baum in eine geisterhafte Skulptur oder in ein unentwirrbares Knäuel. Durch den Ostwind in der Bretagne oder im Devon kann eine Zypresse fast horizontal wachsen. In Afrika schwillt der Baumstamm aufs unermeßliche an, um eventuellem Wassermangel vorzubeugen: so entsteht der surrealistische Flaschenbaum oder der dickleibige Affenbrotbaum, der so spongiös ist, daß ihn ein Elefant mit einem Prankenhieb fällen kann. Die Zusammensetzung des Bodens kann den Baum auf ein Zwergwesen schrumpfen lassen, wie die Pygmäenzypresse in Kalifornien, die in zweihundert Jahren nur einen Meter wächst; doch sie kann auch Giganten wie den Feigenbaum von Roscoff hervorbringen, der sich über sechshundert Quadratmeter erstreckte und letztendlich gefällt werden mußte, da jeder Ast jährlich um 75 Zentimeter länger wurde. Die seltsamste, natürlich gewachsene Baumgruppe in Frankreich findet man ohne Zweifel in der Nähe von Reims: den krummwachsenden Buchenwald Faux de Verzy, dessen beängstigende und unnatürliche Formen die Botaniker auf der ganzen Welt faszinieren. Sie scheinen einem Zaubermärchen von Walt Disney entsprungen zu sein.

Linke Seite: In Powis Castle, Wales, ähneln die Eiben Tierfiguren. *Oben:* Ein Vogel, der gerade geformt wird, Holland. *Unten:* Ein Elefant aus einer Eibe in Rhode Island. *Folgende Doppelseite:* Die Eiben, die im 12. Jh. in Levens Hall, England, gepflanzt wurden und die hier in einer Gravur aus dem 19. Jh. dargestellt sind, existieren noch immer.

Rechts oben: Ein bescheidener Obstbaum, wie hier in Belgien, kann das Aussehen einer Hausfront verändern.
Rechts unten: Um Ludwig XIV. zu erfreuen, wurde im großen Gemüsegarten von Versailles die Spalierkunst angewandt, die in der Renaissance entstanden war, um die Zahl und die Qualität der Früchte zu steigern.

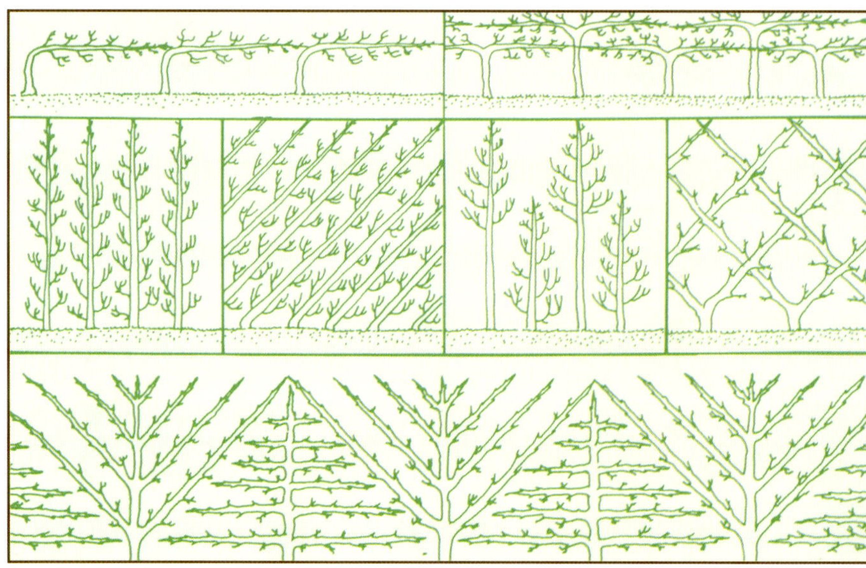

Links unten: In Frankreich droht diese Glyzinie das Haus, das gleich alt ist wie sie, zu überwuchern.
Rechts unten: Ein Rhododendron im Himalaya, der das Aussehen eines Baumes angenommen hat.
Man wird nie erfahren, ob die botanischen Projekte auf diesen Seiten – Auszüge aus dem *Songe Poliphile von Francesco Colonne (Seite 88, links)* und Zeichnungen für das herzögliche Schloß von Braunschweig *(oben)* – jemals realisiert wurden. Doch man weiß, daß der Westwind diese Prunus spinosa in Cornouailles *(folgende Doppelseite)* geformt hat.

Rechte Seite: Diese krakenähnlichen Wurzeln des Kapokbaumes umschlingen den Khmertempel (12. Jh.) von Angkor in Kambodscha. *Rechts:* Sie bedecken auch den Boden in Sri Lanka.

Oben: Die Wurzeln dieser Buche in Wales scheinen die Granitblöcke verschlingen zu wollen. *Folgende Doppelseite:* Die Besitzer des Schlosses von Outrelaise pflanzten ihre Platanen, die damals eine Novität in Frankreich darstellten, mit größter Sorgfalt geordnet in einer Linie. Man träumte von einer geradlinigen Allee, doch die Natur wollte es anders: die Bäume, die einst gesetzt wurden, bewegen sich nun in alle Richtungen.

Seit der Urzeit bis in unsere Tage war der Baum mit seinen Zweigen, seinem Hohlstamm, seinen Ästen immer auch von praktischem Nutzen. In Neuguinea, auf den Inseln im Südpazifik und auf Orenok leben die wilden Stämme noch in den Bäumen, um sich vor Tieren und Überschwemmungen zu schützen: Die Baumhütten erfüllen in den feuchten und heißen Ländern den gleichen Zweck wie die Baumhöhlen in den kalten Regionen. Wenn man dies in Filmen sieht, davon in Märchen liest, beginnt man zu träumen. Wie Tarzan und Jane oder der Affe Zephir, der Cousin Babars, leben die Freunde von Winnie the Pooh in den Ästen, während die Helden Beatrix Potters und die Wichtelmännchen die Wurzeln, Stämme und natürlichen Unterschlupfe bevorzugen, die durch die Vogelnester und Bienenstöcke entstanden sind, die Verstecke und Vorratslager der Waldbewohner.

GEZÄHMT UND

Eine andere uralte Funktion des Baumes war es, als Versammlungsort zu dienen. Es gibt die „Palaverbäume“ in Afrika und die Bäume der Gerechtigkeit auf den Dorfplätzen in Europa, wie die sogenannte Eiche „von Saint Louis“ im Wald von Vincennes. Im Mittelalter befand sich oft in unmittelbarer Nähe bestimmter Bäume ein Stein, auf den die Steuern gelegt wurden, so wie bei der Tilleul de la croix au dîmeurs in der Marne. Dieser Stein diente auch noch traurigeren Zwecken: auf ihn legte man die Toten, und man stellte hier die Särge auf dem Weg zum Friedhof ab. Die Bäume der Gerechtigkeit konnten während eines Krieges auch als

Galgen dienen; Menschen wurden hier gefoltert und Wölfe aufgehängt, wie an der Eiche der Wölfe von Condé-sur-Risle. Im Schatten von Affenbrotbäumen oder Mangrovenbäumen begraben die Afrikaner oder Papuastämme ihre Toten.

Auf dem Land dient ein einsamer Baum als Grenzstein oder als Rastplatz. Der Pilgerweg nach Santiago de Compostela wurde so markiert. Vom Meer aus gesehen, hilft der Baum den Schiffern ihren Weg zu finden oder einen Felsen zu umschiffen, er zeigt auf dem Flachland das Ende eines bestimmten Gebietes an oder einen Versammlungsplatz (wie die Eiche der Partisanen in Saint-Ouen-les-Parey in den Vogesen). Er kann auch zu einem Zufluchtsort geleiten, wie die Eichen der protestantischen Häuser von Tarn. In der Wüste zeigt er für gewöhnlich

KULTIVIERT

eine Wasserstelle an, (wie der heute verschwundene Baum von Ténéré, der jenseits von Agades gepflanzt worden war. Man dachte, daß er „das Ende der Welt" bezeichnete). Dieser Typ des symbolischen Baumes taucht oft im Alten Testament auf. Im Buch Daniels und auch im Traum Nebukadnezars nimmt er den Namen des „einzigen Baumes" oder „trockenen Baumes" an. Bei Marco Polo erhielt er nach einem achttägigen Marsch die Form einer Platane am äußersten Ende Persiens: „Sie ist sehr groß und weit mit ihren grünen Blättern an der einen Seite und den weißen auf der anderen (...). Hier, so sagt man, fand eine Schlacht zwischen Alexander dem Großen, König von Mazedonien, und Darius, König von Persien, statt." In der universellen Vorstellungswelt markieren diese Bäume die Grenze zum

Seite 96: Das Hotel Tree Tops in Kenya, in dem sich Prinzessin Elisabeth gerade aufhielt, als sie 1952 Königin von England wurde. *Seite 97:* Das Haus des Affen Zephir, Cousin des Babar, von Jean de Brunhoff, 1939. *Links:* Die Linde in Shropshire, Großbritannien, und ihr kleines Haus im Elisabethstil. Das Baumhaus, das im 18. Jh. mit Chippendalestuckarbeiten verziert wurde *(rechte Seite)*, beherbergte ebenfalls mehrere Königinnen, darunter Viktoria, die von hier aus nach Füchsen Ausschau hielt.

Unbekannten, das erobert und beherrscht werden soll. Manche sahen im Baum ein reines Objekt der Freude. Die Japaner errichteten in Kyoto Bambusplattformen, um aus der Sicht der Vögel den Mond oder die Blätter des Frühlings beobachten zu können. Die Perser stellten sich am Ende goldener oder silberner Treppen offene Salons vor, in denen sie sich in der Brise des Abendwindes in ihren Seidenkissen ausstrecken konnten. In Velletri gab Caligula oft Bankette in einer Platane, die er „das Nest" nannte; Cosimo de Medici entzückte im 16. Jahrhundert in den Gärten von Cartello und Pratolino, in der Nähe von Florenz, Montaigne und Fynnes Morison mit seinen Wasserspielen in den Zweigen der Bäume. Der Herzog von Bedford kletterte ein Jahrhundert später in die Wipfel der Bäume, um von dort aus das Jagdtreiben genießen zu können. In der Nähe von Paris wurde diese Idee zwischen 1850 und dem letzten Krieg in den Wanderraststätten von Robinson aufgegriffen. Sie findet sich auch in Kenya, in den dreißiger Jahren, im Hotel Tree Tops des Ehepaares Walker, einem natürlichen Beobachtungspunkt wilder Tiere. Prinzessin Elisabeth, so sagt man, befand sich hier, als sie erfuhr, daß sie Königin von England geworden war.

Die hohlen (oder „stumpfen") Baumstämme haben weniger pittoreske Funktionen. Die Vögel bauen hier

ihre Nester, die Eichhörnchen und Füchse finden Unterschlupf, eine kleine Welt von Insekten tummelt sich hier. Die Baumhöhlen dienen als Unterstände oder kleine Läden, ja selbst als Spielstätten – in der Eiche von Montravail nahe bei Saintes standen ein Tisch und acht Stühle. Der Konsul Mucianus ließ sich darin im 1. Jahrhundert runde Lager aus Blättern bauen, auf denen er prachtvolle Bankette gab. Die hohlen Bäume beherbergten in Europa die Eremiten und in Indien die Fakire, versteckten Verfolgte, wie den heiligen Franziskus von Sales vor den Wölfen oder den Mönch Guillotin vor den Revolutionären. Wenn sie wirklich groß und solide sind wie die Eiben, werden ihre Hohlstämme zuweilen vertäfelt, eingerichtet und als Kapelle verwendet. Lange, majestätische Eichen-, Platanen-, Linden- oder Kastanienalleen verbergen Herrenhäuser, Schlösser und Wohnsitze und kündigen sie zugleich an. Wenn es sich um Doppelalleen handelt bieten sie einen eleganten und kultivierten Rahmen für den Fußgänger, der die Seitenallee bevorzugt, um den Wagen, Karren und Karrossen auszuweichen. Als Inbild von Luxus verführten unter Ludwig XVI. solche Kastanienalleen, die damals noch exotisch und neu waren, zum Träumen.

Seite 100: Links oben: In Brasilien baute F. Krajcberg, der Überlebende eines Konzentrationslagers, sein Haus auf einem Baumstamm im zerstörten Wald des Amazonas. *Links unten:* Ein Wilder in einem hohlen Baumstamm, Frankreich, 15. Jh. *Rechts:* Ein Vogelhaus in den Vereinigten Staaten.
Seite 101: Versteckte Jagdhütte in einem Wald im Béarn.
Vorhergehende Doppelseite: Die 4 700 Bäume der Buchenallee der Reid in Belgien wurde zum rein optischen Genuß gepflanzt.
Oben: Die Kastanienbäume von Robinson bei Paris beherbergten Restaurants und Ausflugslokale.
Unten: Der Ahorn von Matibo, im Piemont, war ein geschätztes Wanderziel.
Rechte Seite: 1850 waren die vom Traité d'ornement des jardins Audots gepriesenen Verduresalons in Paris sehr in Mode.

Vorhergehende Seiten: Die Eibe von Haye-de-Routot ist seit Jahrhunderten Kultobjekt heidnischer Bräuche. Sie ist wahrscheinlich 1500 Jahre alt.

Im 19. Jh. baute man eine gotische Kapelle in ihren Stamm.
Auch die tausendjährige Eiche von Allouville-Bellefosse beherbergt eine Kapelle *(links)* wie auch einen Eremitenraum *(oben)*.

Unten: Eine christliche Kapelle im Stamm eines alten Affenbrotbaumes. Man betritt sie durch eine heilige Hütte *(rechts)*.

Folgende Seiten: Links: Ein Tempel im Stamm eines Bananenbaumes in Indien, des Baumes, unter dem Buddha seine Erleuchtung hatte. *Rechts:* Die Tür, durch die man das Innere betreten und in die Tiefen des Unbewußten eintauchen kann.

DANKSAGUNG

Jacques Brousse, dessen Gelehrtheit Anlaß zur Freude gab.
P. Aprahamian, S. Bergmann, M. Berro, M. F. Bouchaud, J. J. Breton, C. Brouet
Mary R. Carter, D. Dufayet, A. Emery, D. Gaumont, F. Gilles, M. Hogg, S. Howell,
M. F. Joblin, B. Saalburg, Tessa, F. Teynac, B. Turle, B. Wirth.

BILDNACHWEIS

Anthony Aikman, *Treehouses* (London: Robert Hale, 1988), 96. **Orlando Azevedo**, 100 (*oben*). **Roland Beaufre**, 38 (*rechts*). **Tim Beddow**, 109 (*rechts*). **Biblioteca Nacional, Lissabon**, 15, 18. **Bibliothèque Nationale, Paris**, 20 (*unten*), 24–25, 29, 56–57, 86–87, 100 (*unten*), 112. **Alfred Birnbaum**, 59 (*oben*), 74 *(links)*. **Rolf Blomberg**, 81. **Bodleian Library, Oxford**, 19. **Wendy Booth-Howard**, 38 *(Mitte)*. **Marie-France Boyer**, 27 (*oben und links unten*), 35, 38 *(links)*, 39 (*rechts*), 43, 68 (*links unten), 76*, 88 *(links), 89 (links unten)*. **The British Library, London**, 16–17, 64–65, 89 (*oben*). **The British Museum, London**, 8–9. **Jean-Loup Charmet**, 104 (*oben*). **Vincent Dané**, 63 (*oben*). **Martin Farnell**, 98, 99. **Annabel Freyberg**, 11. **Germanisches Nationalmuseum, Nuremberg**, 26. **Jean-Pierre Godeaut**, 30, 31, 32, 33. **Nigel Greenwood**, 63 *(unten)*. **Joan Hecktermann**, 109 (*links*). **Marijke Heuff**, 71 *(Mitte und rechts unten)* 77, 85 (*oben*). **Clive Hicks**, 1, 53, 54 (*links*), 55. **Barbara Huppé**, 100 *(Mitte)*. **Martin Hurlimann**, *59 (unten)*.**The Hutchison Library, London**, 2, 75, 80. **Richard Lannoy**, 72–73, 110, 111. **Librairie Hachette, Paris** (1936), 97. **Yves Marie**, 93. **A. Mehta**, 89 *(rechts)*. **Jean-Louis Mennesson**, 94–95. **A. Michelez**, 63 *(Mitte)*. **Eric Morin**, 40–41. **Musée des Beaux-Arts, Lyons**, 28. **National Gallery, London**, 23 *(links)*. **B. et P. Perdereau**, 84. **Réunion des Musées Nationaux, Paris**, 22. **Edwin Smith**, 6. **Sri Lanka Tourist Board**, 92 *(rechts)*. **Benjamin Stassen ASBL Le Marronnier**, 36 (*3. Photo von oben*), 78–79, 88 (*rechts oben*), 102–103. **Ivan Terestchenko**, 60–61, 62–63, 66–67, 68 *(links oben und rechts unten)*, 70, 71 *(rechts oben)*, 101. **CyprienTokoudagba**, 23 *(rechts)*. **Michel Viard**, 36 *(1.,2. und 3. Photo von oben)*, 36–37, 39 *(links und in der Mitte)*, 44-45, 46 *(links)*, 47, 51, 74 *(rechts)*. **Victoria und Albert Museum, London**, 13, 27 *(rechts)*, 105. **Wildlife Matters**, 46 *(rechts)*, 48–49, 85 (*unten*), 90–91. **Debra Zuckermann**, 3, 92 *(links)*. **D. R.** 4-5, 54 *(rechts)* 69, 82–83, 106–107, 108.

Oben: Konterrevolutionärer Baum. Göttingen, 1791.